Impressum
Verlag: BABADADA GmbH, Nedderfeld 112 , 22529 Hamburg
Geschäftsführer / Verlagsleitung: Harald Hof
Druck: Books on Demand GmbH, In de Tarpen 42, 22848 Norderstedt

Imprint
Publisher: BABADADA GmbH, Nedderfeld 112 , 22529 Hamburg, Germany
Managing Director / Publishing direction: Harald Hof
Print: Books on Demand GmbH, In de Tarpen 42, 22848 Norderstedt

shule
Šola

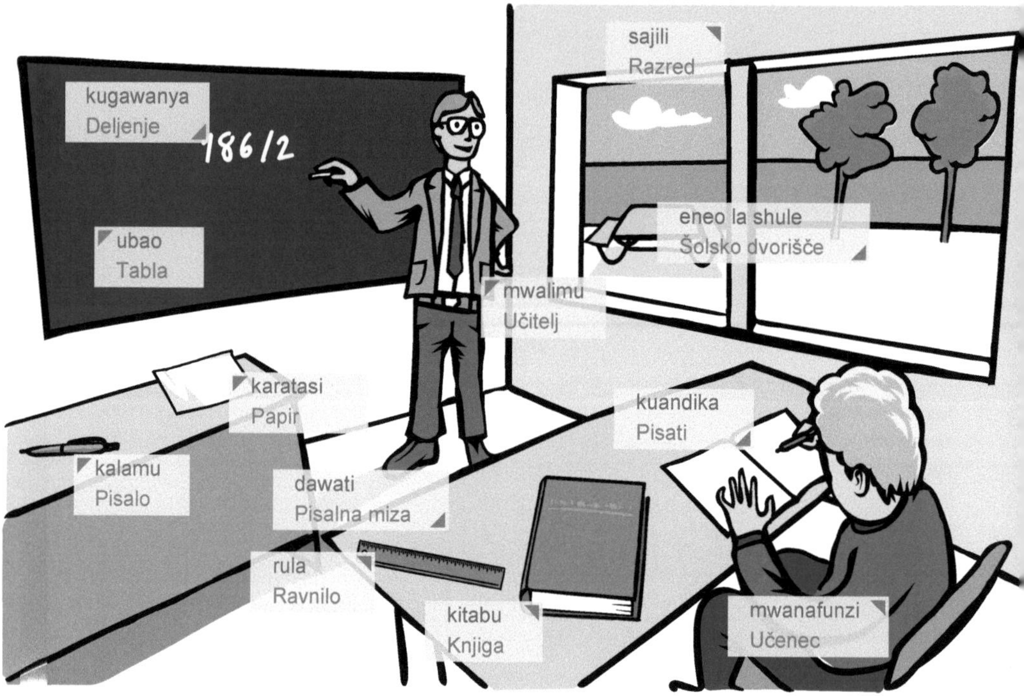

sajili
Razred
kugawanya
Deljenje
186/2
ubao
Tabla
eneo la shule
Šolsko dvorišče
mwalimu
Učitelj
karatasi
Papir
kuandika
Pisati
kalamu
Pisalo
dawati
Pisalna miza
rula
Ravnilo
kitabu
Knjiga
mwanafunzi
Učenec

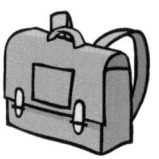

mkoba

Šolska torba

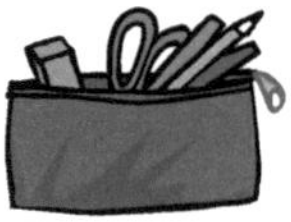

kikasha cha penseli

Peresnica

penseli

Svinčnik

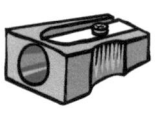

kichonga penseli

Šilček

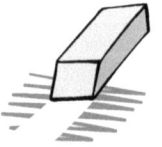

mpira

Radirka

pedi ya kuchora

Risalni blok

uchoraji
....
Risba

brashi ya rangi
....
Čopič

sanduku la rangi
....
Vodene barvice

mkasi
....
Škarje

gundi
....
Lepilo

daftari
....
Zvezek

kazi ya nyumbani
....
Domača naloga

nambari
....
Število

jumlisha
....
Seštevanje

ondoa
....
Odštevanje

zidisha
....
Množenje

kokotoa
....
Računanje

barua
....
Črka

alfabeti
....
Abeceda

neno
....
Beseda

maandishi

Besedilo

kusoma

Brati

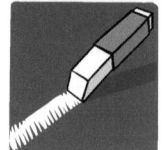

chaki

Kreda

somo

Učna ura

sajili

Redovalnica

uchunguzi

Preizkus znanja

cheti

Spričevalo

sare za shule

Šolska uniforma

elimu

Izobrazba

elezo

Enciklopedija

chuo kikuu

Univerza

darubini

Mikroskop

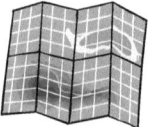

ramani

Zemljevid

kikapu cha kuweka karatasi chafu

Koš za smeti

usafiri
Potovanje

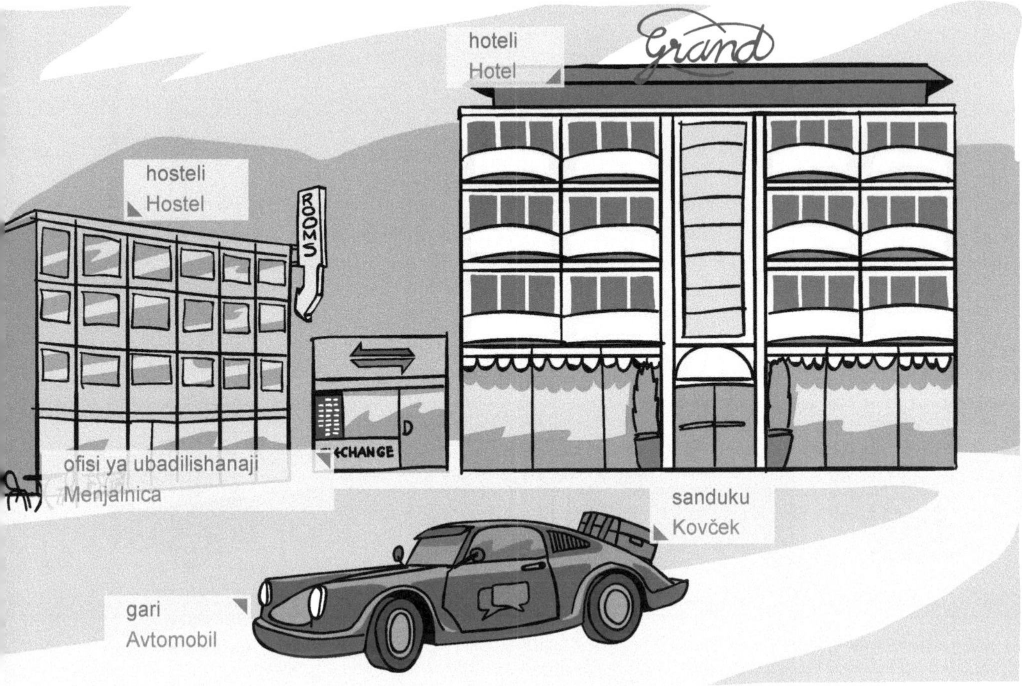

hoteli
Hotel
Grand
hosteli
Hostel
ROOMS
EXCHANGE
ofisi ya ubadilishanaji
Menjalnica
sanduku
Kovček
gari
Avtomobil

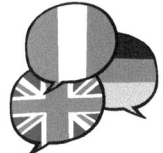

lugha

Jezik

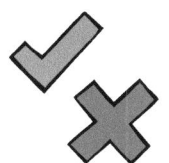

ndiyo / la

da / ne

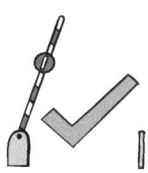

sawa

Prav

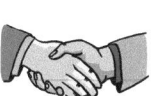

hujambo

Pozdravljeni

mtafsiri

Prevajalec

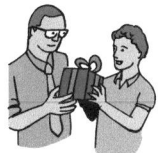

Asante

Hvala

kiasi gani ni ...?

Koliko stane...?

Sielewi

Ne razumem

tatizo

Težava

Jioni njema!

Dober večer!

Habari za asubuhi!

Dobro jutro!

Usiku mwema!

Lahko noč!

kwa heri

Nasvidenje

mwelekeo

Smer

mizigo

Prtljaga

mfuko

Torba

shanta

Nahrbtnik

mgeni

Gost

chumba

Soba

begi la kulalia

Spalna vreča

hema

Šotor

taarifa ya utalii

Turistične informacije

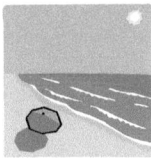

ufuo

Plaža

kadi

Kreditna kartica

kifunguakinywa

Zajtrk

chakula cha mchana

Kosilo

chakula cha jioni

Večerja

tiketi

Vozovnica

kuinua

Dvigalo

muhuri

Znamka

mpaka

Meja

mila

Carina

ubalozi

Veleposlaništvo

visa

Vizum

pasipoti

Potni list

usafiri
Prevoz

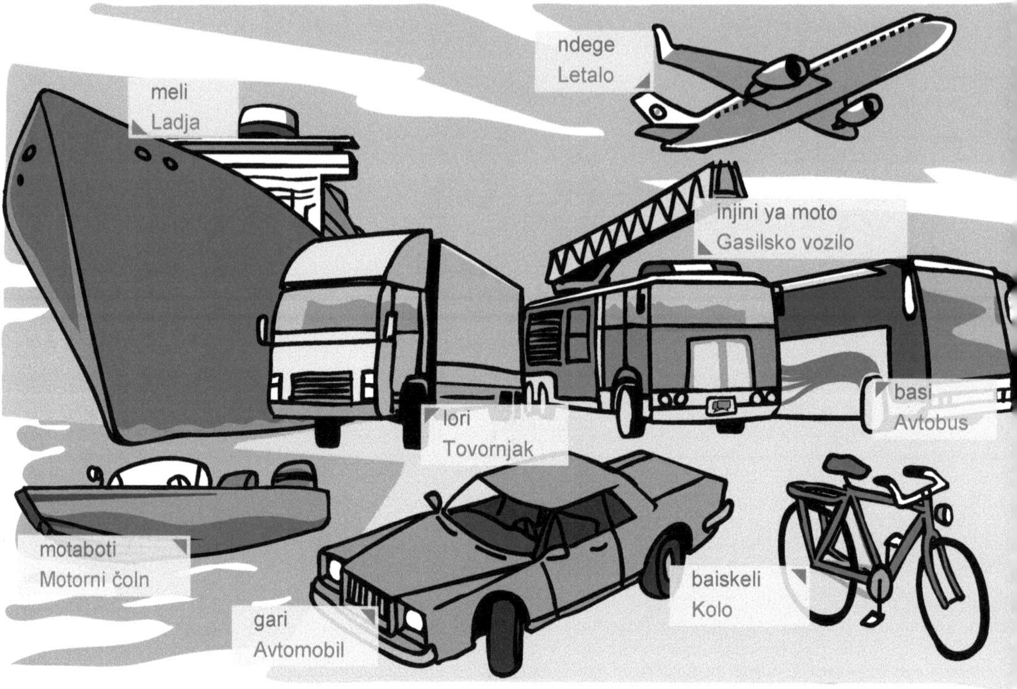

ndege
Letalo
meli
Ladja
injini ya moto
Gasilsko vozilo
basi
Avtobus
lori
Tovornjak
motaboti
Motorni čoln
baiskeli
Kolo
gari
Avtomobil

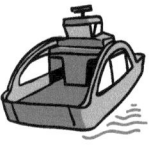

feri

Trajekt

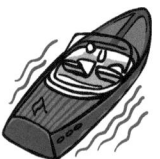

mashua

Čoln

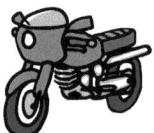

pikipiki

Motorno kolo

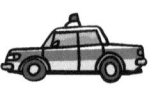

gari la polisi

Policijski avto

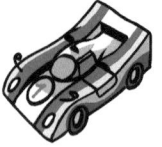

gari la mashindano

Dirkalni avto

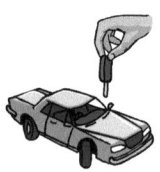

gari la kukodisha

Najeto vozilo

kushiriki gari

Souporaba avtomobila

lori la kuvuta

Avtovleka

ukusanyaji taka

Smetarsko vozilo

motor

Motor

mafuta

Gorivo

kituo cha mafuta

Bencinska postaja

ishara trafiki

Prometni znak

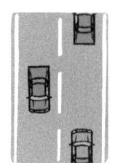

trafiki

Promet

msongamano

Zastoj

maegesho

Parkirišče

kituo cha treni

Železniška postaja

reli

Tirnice

garimoshi

Vlak

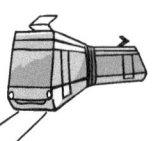

tremu

Tramvaj

gari la mizigo

Vagon

helikopta
Helikopter

uwanja wa ndege
Letališče

mnara
Stolp

abiria
Potnik

chombo
Kontejner

katoni
Karton

mkokoteni
Voziček

kikapu
Košara

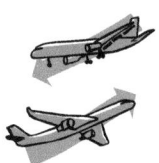

ondoka
vzleteti / pristati

jiji
Mesto

kijiji
Vas

katikati ya jiji
Mestno jedro

nyumba
Hiša

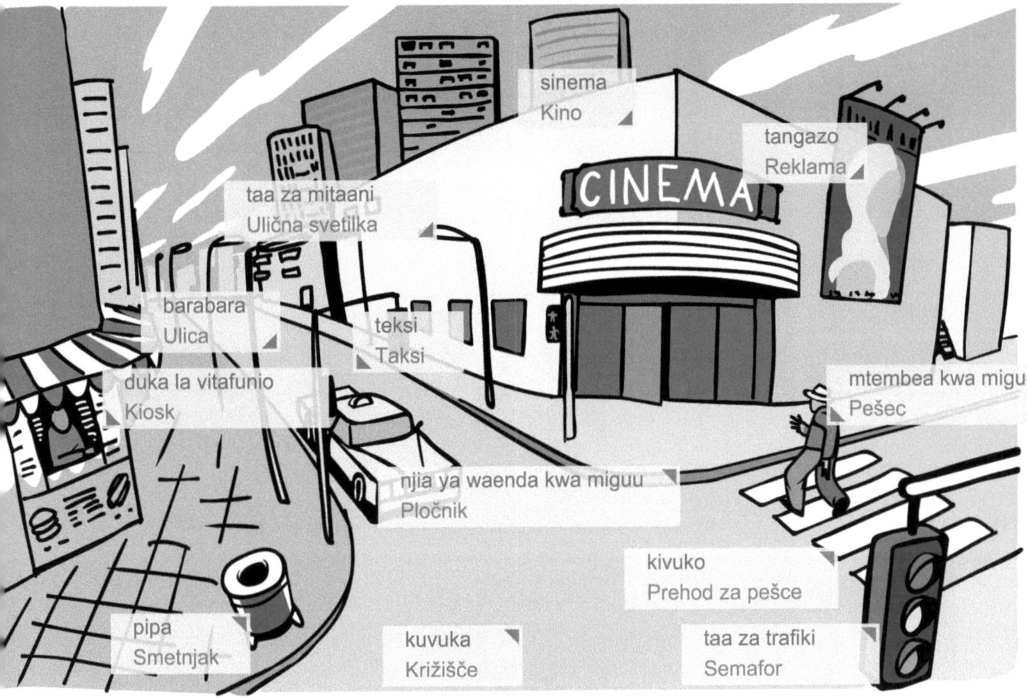

sinema
Kino

tangazo
Reklama

taa za mitaani
Ulična svetilka

CINEMA

barabara
Ulica

teksi
Taksi

mtembea kwa miguu
Pešec

duka la vitafunio
Kiosk

njia ya waenda kwa miguu
Pločnik

kivuko
Prehod za pešce

pipa
Smetnjak

kuvuka
Križišče

taa za trafiki
Semafor

kibanda

Koča

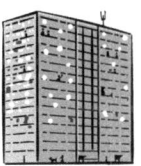

gorofa

Stanovanje

kituo cha treni

Železniška postaja

ukumbi wa mji

Mestna hiša

Makavazi

Muzej

shule

Šola

chuo kikuu

Univerza

benki

Banka

hospitali

Bolnišnica

hoteli

Hotel

duka la dawa

Lekarna

ofisi

Pisarna

duka la kitabu

Knjigarna

duka

Trgovina

duka la maua

Cvetličarna

dukakuu

Supermarket

soko

Tržnica

idara ya kuhifadhi

Veleblagovnica

mwuza samaki

Ribarnica

kituo cha ununuzi

Nakupovalno središče

bandari

Pristanišče

Hifadhi

Park

benki

Klop

daraja

Most

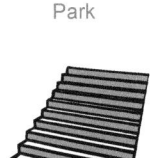

vidato

Stopnice

chini ya ardhi

Podzemna železnica

handaki

Predor

kituo cha mabasi

Avtobusno postajališče

bar

Bar

mgahawa

Restavracija

sanduku la posta

Poštni nabiralnik

ishara ya barabara

Ulična tabla

mita ya maegesho

Parkirna ura

bustani ya wanyama

Živalski vrt

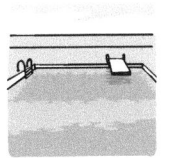

kidimbwi cha kuogelea

Kopališče

msikiti

Mošeja

shamba
Kmetija

uchafuzi
Onesnaževanje

makaburini
Pokopališče

kanisa
Cerkev

uwanja wa michezo
Otroško igrišče

hekalu
Tempelj

mazingira
Pokrajina

jani
List

ishara ya mwelekeo
Kažipot

njia
Pot

malisho
Travnik

jiwe
Kamen

mtembeaji wa masafa
Pohodnik

mti
Drevo

mto
Reka

nyasi
Trava

ua
Cvetlica

bonde

Dolina

kilima

Hrib

ziwa

Jezero

msitu

Gozd

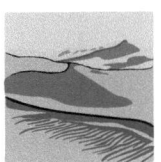

jangwa

Puščava

volkano

Vulkan

ngome

Grad

upinde wa mvua

Mavrica

uyoga

Goba

mtende

Palma

mbu

Komar

kuruka

Muha

chungu

Mravlja

nyuki

Čebela

buibui

Pajek

mende

Hrošč

chura

Žaba

kuchakuro

Veverica

nungunungu

Jež

sungura

Zajec

bundi

Sova

ndege

Ptič

swan

Labod

nguruwe mwitu

Divji prašič

kulungu

Jelen

aina ya kongoni

Los

bwawa

Jez

tabo ya upepo

Vetrnica

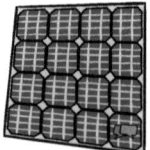

nishaji ya jua

Solarna plošča

hali ya hewa

Podnebje

mgahawa
Restavracija

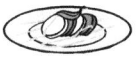

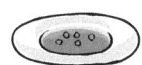

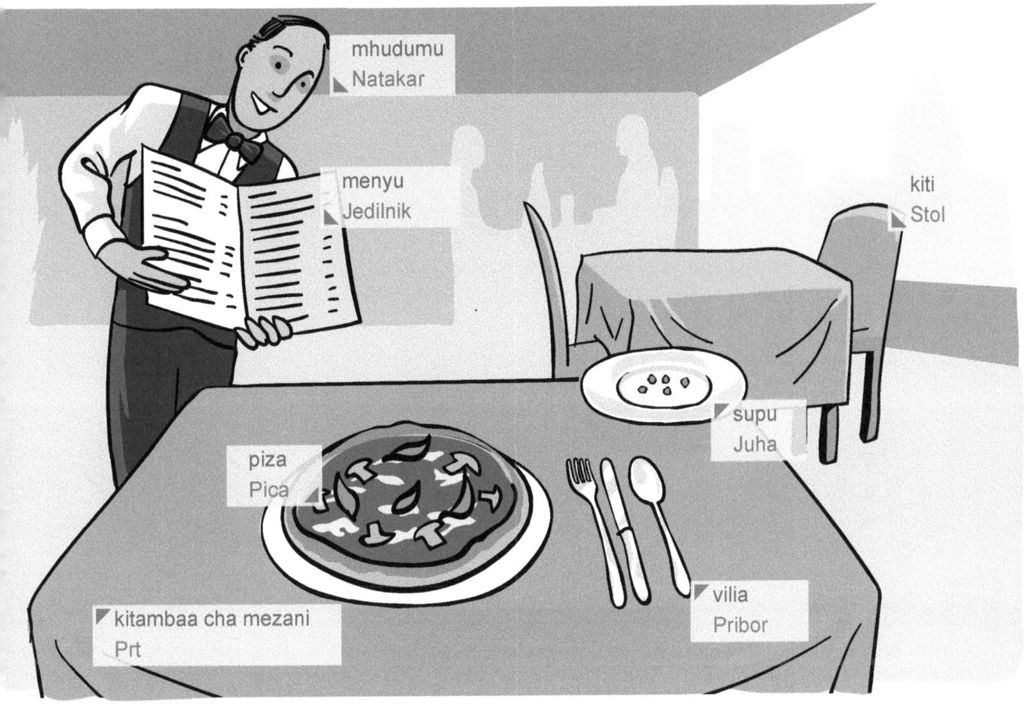

mhudumu
Natakar
menyu
Jedilnik
kiti
Stol
supu
Juha
piza
Pica
vilia
Pribor
kitambaa cha mezani
Prt

kiamsha hamu

Predjed

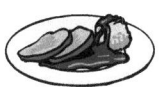

kozi kuu

Glavna jed

kitindamlo

Sladica

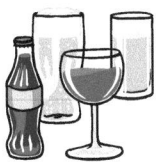

vinywaji

Pijače

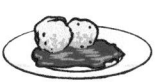

chakula

Hrana

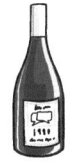

chupa

Steklenica

chakula cha haraka

Hitra hrana

Streetfood

Ulična hrana

buli

Čajnik

kisanduku cha sukari

Sladkornica

sehemu

Porcija

mashine ya espresso

Aparat za espresso

kiti kirefu

Stolček za hranjenje

muswada

Račun

trei

Pladenj

kisu

Nož

uma

Vilica

kijiko

Žlica

kijiko cha chai

Čajna žlička

nepi

Servieta

glasi

Kozarec

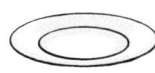

sahani

Krožnik

sahani ya supu

Globoki krožnik

sufuria

Krožniček

mchuzi

Omaka

kichanyaji chumvi

Solnica

kinu cha pilipili

Mlinček za poper

siki

Kis

mafuta

Olje

viungo

Začimbe

kechapu

Kečap

haradali

Gorčica

kachumbari nzito

Majoneza

dukakuu
Supermarket

ofa maalum
Posebna ponudba
FOR
mteja
Stranka
maziwa
Mlečni izdelki
matunda
Sadje
toroli
Nakupovalni voziček

BUTCHERS

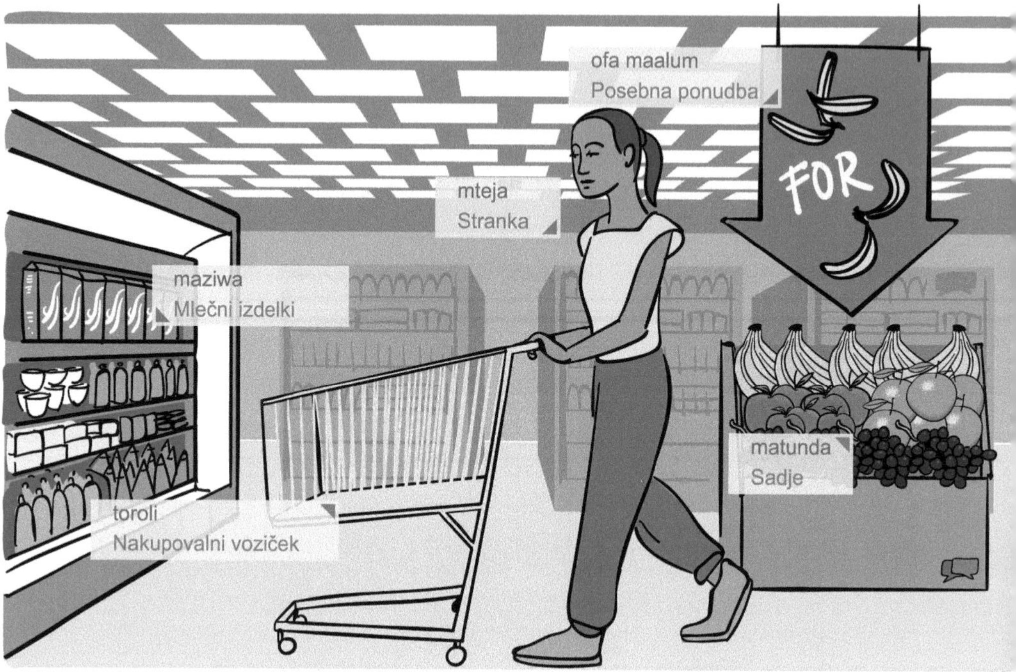

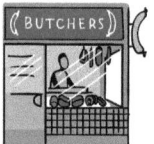

mchinjaji

Mesnica

BAKERY

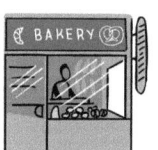

mwokaji

Pekarna

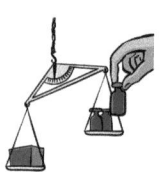

uzito

Tehtati

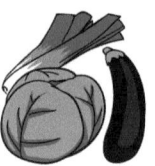

mboga

Zelenjava

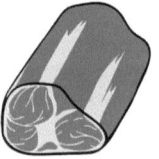

nyama

Meso

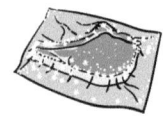

chakula waliohifadhiwa

Zamrznjena hrana

vipande vya nyama baridi

Hladne mesnine

chakula cha kopo

Konzerve

sabuni ya unga

Pralni prašek

pipi

Sladkarije

bidhaa za kaya

Gospodinjski izdelki

bidhaa za kusafisha

Čistilno sredstvo

mtu mauzo

Prodajalka

mpaka

Blagajna

keshia

Blagajnik

orodha ya manunuzi

Nakupovalni seznam

masaa ya ufunguzi

Delovni čas

mkoba

Denarnica

kadi

Kreditna kartica

mfuko

Torba

mfuko wa plastiki

Plastična vrečka

maji
....
Voda

sharubati
....
Sok

maziwa
....
Mleko

coke
....
Kola

mvinyo
....
Vino

bia
....
Pivo

pombe
....
Alkohol

kakao
....
Kakav

chai
....
Čaj

kahawa
....
Kava

spreso
....
Espresso

kapuchino
....
Kapučino

ndizi

Banana

tufaha

Jabolko

machungwa

Pomaranča

tikiti

Lubenica

lemon

Limona

karoti

Korenje

kitunguu saumu

Česen

mianzi

Bambus

kitunguu

Čebula

uyoga

Goba

karanga

Oreščki

nudo

Rezanci

spageti

Špageti

mpunga

Riž

saladi

Solata

vibanzi

Ocvrt krompirček

viazi vya kukaanga

Pečen krompir

piza

Pica

hambaga

Hamburger

sandwichi

Sendvič

kipande

Zrezek

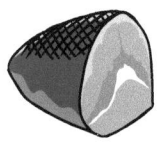

paja la mnyama

Šunka

salami

Salama

soseji

Klobasa

kuku

Piščanec

choma

Pečenka

samaki

Riba

oats ya uji

Ovseni kosmiči

muesli

Musli

cornflakes

Koruzni kosmiči

unga

Moka

kroisanti

Rogljiček

andazi

Žemlja

mkate

Kruh

mkate wa kubanika

Prepečenec

biskuti

Piškoti

siagi

Maslo

maziwa mgando

Skuta

keki

Torta

yai

Jajce

yai kukaanga

Pečeno jajce na oko

jibini

Sir

aiskrimu

Sladoled

sukari

Sladkor

asali

Med

jemu

Marmelada

kuenea kwa chokoleti

Čokoladni namaz

mchuzi wa viungo

Kari

chakula - Hrana

shamba
Kmetija

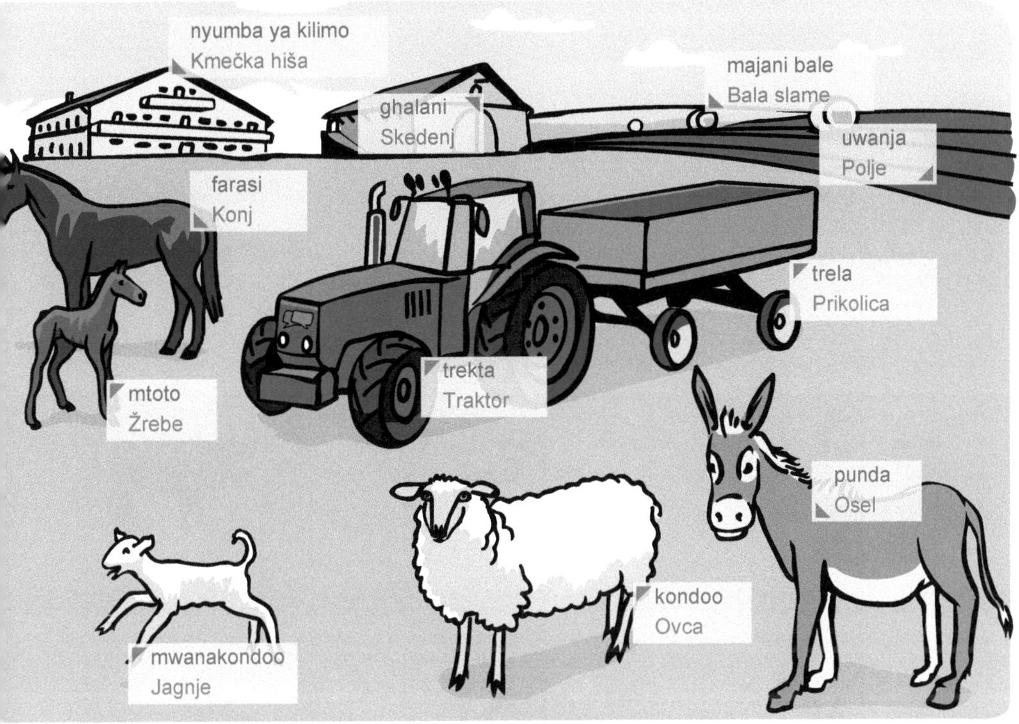

nyumba ya kilimo
Kmečka hiša
majani bale
Bala slame
ghalani
Skedenj
uwanja
Polje
farasi
Konj
trela
Prikolica
trekta
Traktor
mtoto
Žrebe
punda
Osel
kondoo
Ovca
mwanakondoo
Jagnje

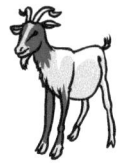

mbuzi

Koza

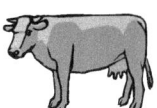

ng'ombe

Krava

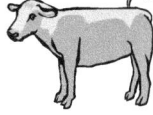

ndama

Tele

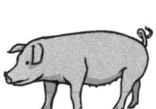

nguruwe

Prašič

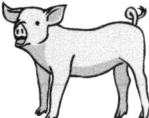

mwananguruwe

Pujsek

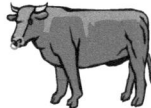

fahali

Bik

batabukini

Gos

bata

Raca

kifaranga

Piščanec

kuku

Kokoš

jogoo

Petelin

panya

Podgana

paka

Mačka

panya

Miš

ng'ombe

Vol

mbwa

Pes

nyumba ya mbwa

Pasja uta

bomba la bustani

Cev za zalivanje

debe la kumwagilia maji

Kangla za zalivanje

fyekeo

Kosa

kulima

Plug

mundu

Srp

jembe

Motika

uma wa nyasi

Vile

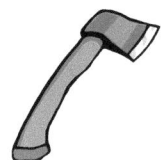

shoka

Sekira

toroli

Samokolnica

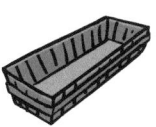

kupitia nyimbo

Korito

chombo cha maziwa

Kangla za mleko

gunia

Vreča

ua

Ograja

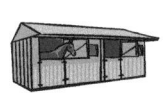

imara

Hlev

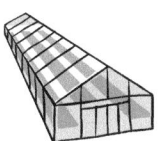

chafu

Rastlinjak

udongo

Prst

mbegu

Seme

mbolea

Gnojilo

kivunaji

Kombajn

mavuno

Žeti

mavuno

Žetev

viazi vikuu

Jam

ngano

Pšenica

soya

Soja

viazi

Krompir

mahindi

Koruza

rapa

Oljna ogrščica

mti wa matunda

Sadno drevo

muhogo

Maniok

nafaka

Žito

nyumba
Hiša

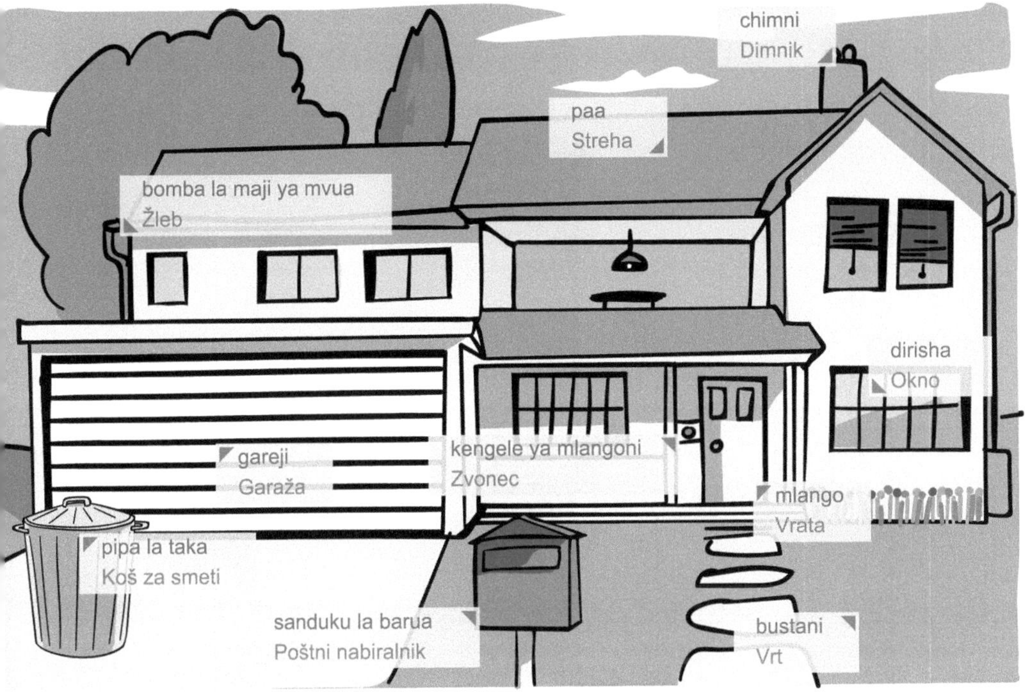

chimni
Dimnik
paa
Streha
bomba la maji ya mvua
Žleb
dirisha
Okno
gareji
Garaža
kengele ya mlangoni
Zvonec
mlango
Vrata
pipa la taka
Koš za smeti
sanduku la barua
Poštni nabiralnik
bustani
Vrt

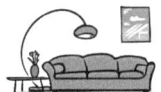

sebuleni

Dnevna soba

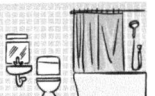

bafu

Kopalnica

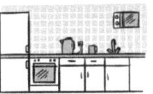

jikoni

Kuhinja

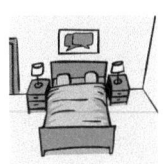

chumba cha kulala

Spalnica

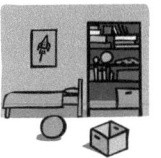

chumba ya mtoto

Otroška soba

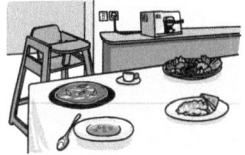

chumba cha kulia

Jedilnica

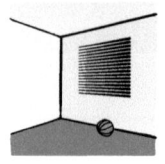

sakafu

Tla

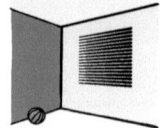

ukuta

Stena

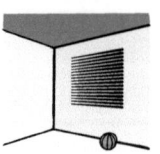

dari

Strop

pishi

Klet

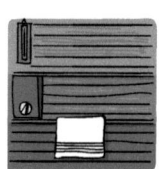

sauna

Savna

roshani

Balkon

mtaro

Terasa

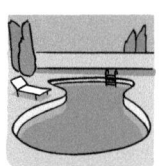

kidimbwi

Bazen

mashine ya kukata nyasi

Kosilnica

karatasi

Rjuha

kitambaa cha kupamba
kitanda

Posteljno pregrinjalo

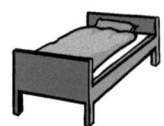

kitanda

Postelja

ufagio

Metla

ndoo

Vedro

kubadili

Stikalo

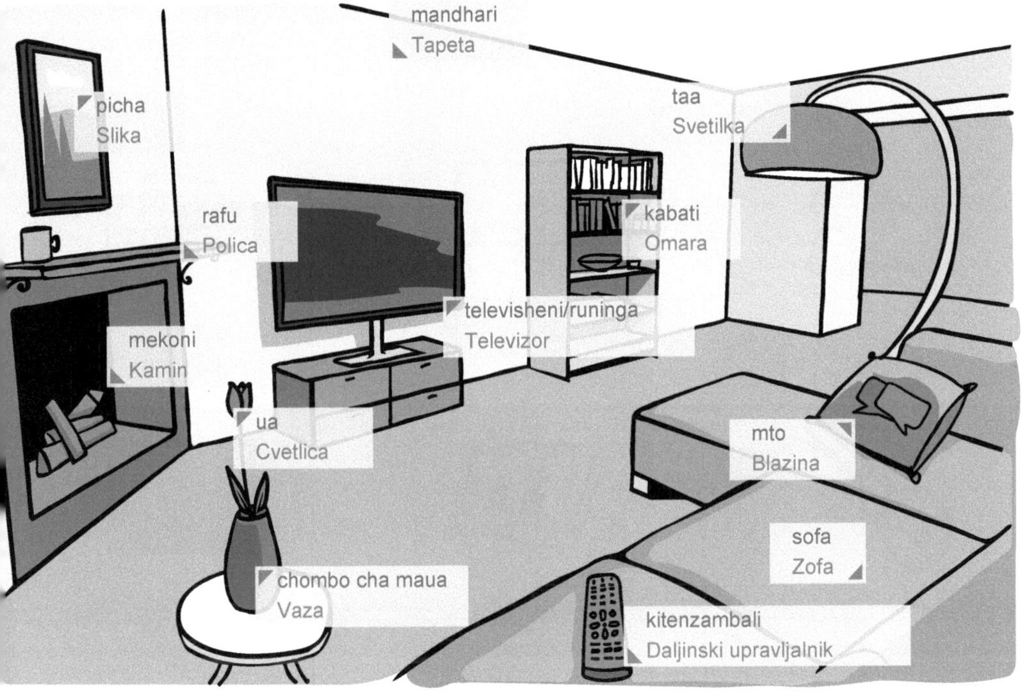

mandhari
Tapeta

picha
Slika

taa
Svetilka

rafu
Polica

kabati
Omara

mekoni
Kamin

televisheni/runinga
Televizor

ua
Cvetlica

mto
Blazina

sofa
Zofa

chombo cha maua
Vaza

kitenzambali
Daljinski upravljalnik

zulia

Preproga

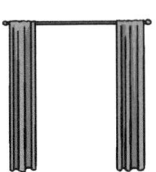

pazia

Zavesa

meza

Miza

kiti

Stol

kiti cha bembea

Gugalnik

armchair

Naslanjač

kitabu

Knjiga

blanketi

Odeja

mapambo

Dekoracija

kuni

Drva

filamu

Film

kifaa cha hi-fi

Glasbeni stolp

ufunguo

Ključ

gazeti

Časopis

uchoraji

Slika

bango

Plakat

redio

Radio

daftari

Beležka

kifyonza

Sesalnik

dungusi kakati

Kaktus

mshumaa

Sveča

jikoni
Kuhinja

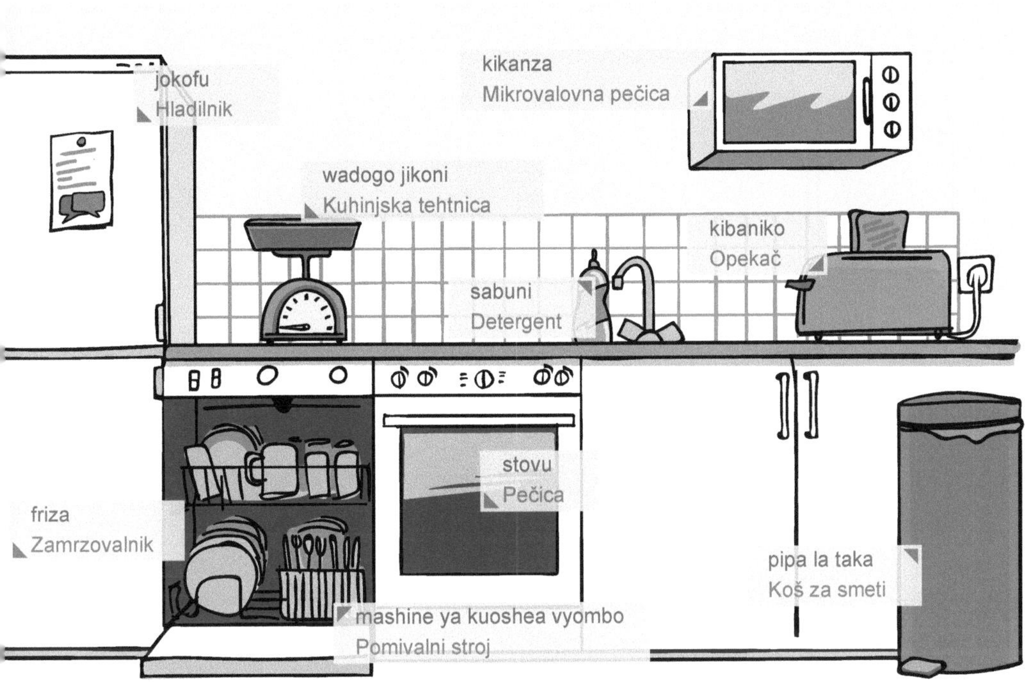
jokofu
Hladilnik
kikanza
Mikrovalovna pečica
wadogo jikoni
Kuhinjska tehtnica
kibaniko
Opekač
sabuni
Detergent
stovu
Pečica
friza
Zamrzovalnik
pipa la taka
Koš za smeti
mashine ya kuoshea vyombo
Pomivalni stroj

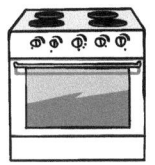

jiko la kupika

Kozica

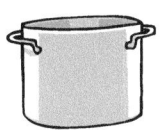

chungu

Lonec

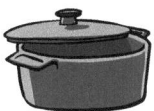

sufuria ya chuma

Litoželezni lonec

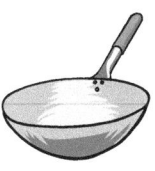

wok / kadai

Vok / kadai

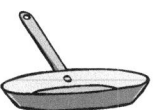

kaango

Ponev

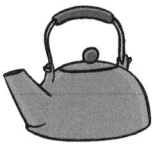

birika

Kotliček

stima

Parni kuhalnik

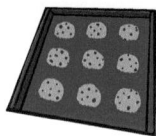

sinia ya kuoka

Pekač

vyombo vya udongo

Posoda

kombe

Skodelica

bakuli

Skleda

vijiti vya kulia

Jedilne paličice

ukawa

Zajemalka

mwiko mpana

Lopatica

burashi

Metlica

kichujio

Cedilnik

chujio

Cedilo

mbuzi

Strgalo

chokaa

Možnar

barbeque

Žar

moto wazi

Ognjišče

ubao wa majaribio

Deska za rezanje

kijiti cha kusukuma unga

Valjar

kizibuo

Odpirač za steklenice

kopo

Pločevinka

inaweza kopo

Odpirač za konzerve

kishikio cha chungu

Prijemalka za posodo

karo

Korito

brashi

Ščetka

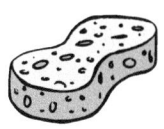

sifongo

Goba

kisagaji matunda

Mešalnik

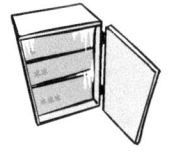

friji ya kina

Zamrzovalna skrinja

chupa ya mtoto

Steklenička

bomba

Pipa

bafu

Kopalnica

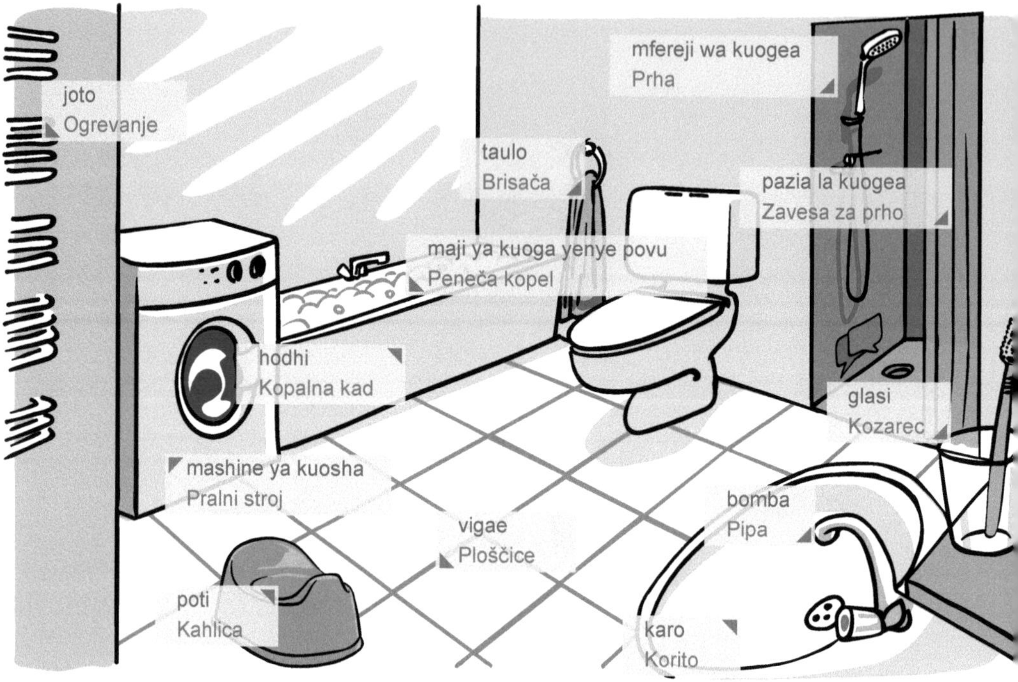

joto
Ogrevanje
mfereji wa kuogea
Prha
taulo
Brisača
pazia la kuogea
Zavesa za prho
maji ya kuoga yenye povu
Peneča kopel
hodhi
Kopalna kad
glasi
Kozarec
mashine ya kuosha
Pralni stroj
bomba
Pipa
vigae
Ploščice
poti
Kahlica
karo
Korito

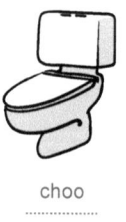

choo

Stranišče

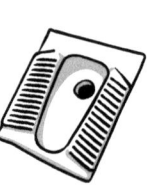

choo cha squat

Stranišče na počep

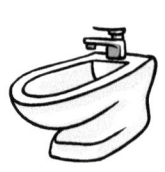

beseni la mviringo

Bide

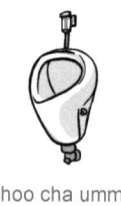

choo cha umma

Pisoar

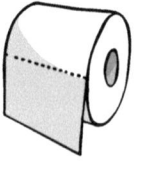

shashi

Toaletni papir

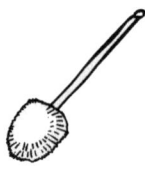

brashi ya choo

Ščetka za straniščno školjko

mswaki

Zobna ščetka

dawa ya meno

Zobna pasta

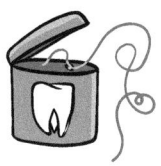

dawa ya meno

Zobna nitka

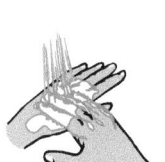

safisha

Umiti se

kuoga mkono

Ročna prha

msukumo wa maji

Prha za intimne dele

bonde

Umivalnik

mpako wa pili

Krtača za hrbet

sabuni

Milo

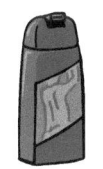

jeli ya kuogea

Gel za prhanje

shampuu

Šampon

flana

Krpica za miljenje

toa maji

Odtok

krimu

Krema

kiondoa harufu

Deodorant

kioo

Ogledalo

kioo mkono

Ročno ogledalo

kinyozi

Britvica

povu la kunyoa

Pena za britje

baada ya kunyoa

Vodica po britju

kichana

Glavnik

brashi

Ščetka

kikausha nywele

Sušilnik za lase

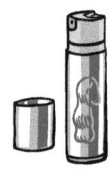

marashi ya nyewele

Lak za lase

vipodozi

Ličila

kidomwa

Šminka

varnish ya msumari

Lak za nohte

pamba

Vatirane blazinice

mkasi wa kucha

Škarjice za nohte

manukato

Parfum

mkoba wa kuosha

Toaletna torbica

kinyesi

Stol brez naslonjala

mizani

Osebna tehtnica

nguo ya kuoga

Kopalni plašč

glavu za mpira

Gumijaste rokavice

kisodo

Tampon

sodo

Damski vložki

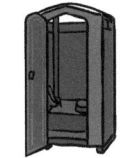

kemikali choo

Kemično stranišče

chumba ya mtoto
Otroška soba

saa ya kengele
Budilka
kidoli cha kupakata
Plišasta igrača
gari bandia
Avtomobilček
kelele
Ropotuljica
chumba cha midoli
Hiška za punčke
sasa
Darilo

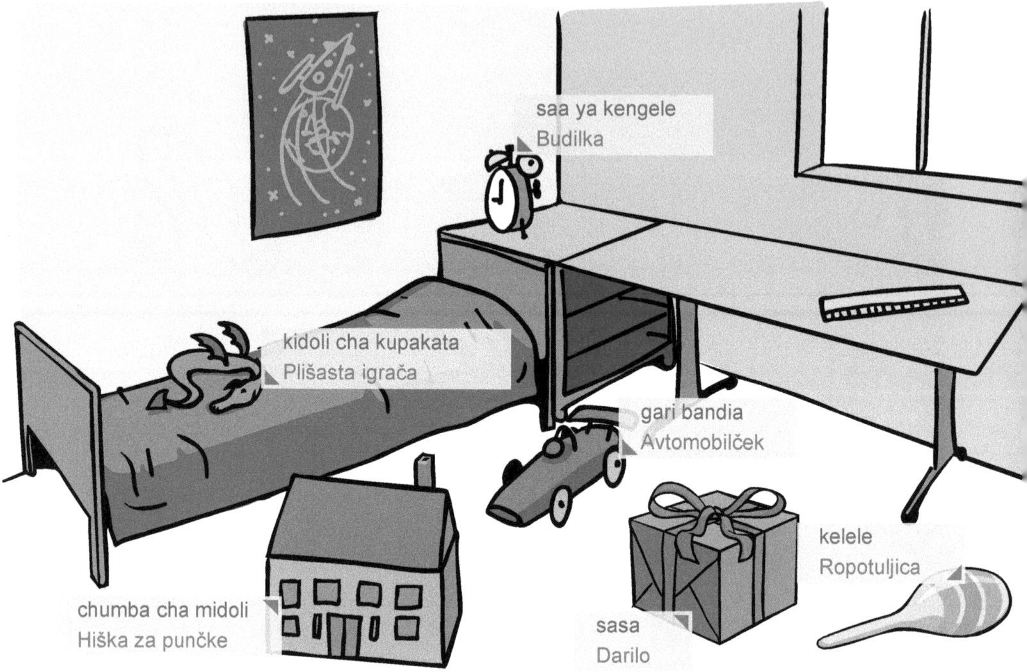

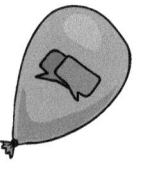

baluni
Balon

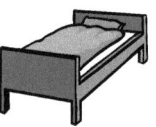

kitanda
Postelja

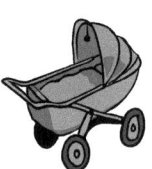

mashua
Otroški voziček

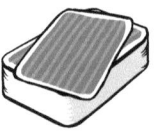

staha ya kadi
Igralne karte

mchezo-fumb
Sestavljanka

SUPER
MEGA

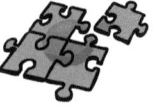

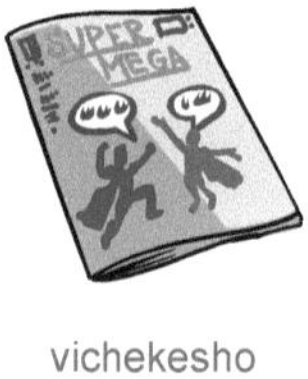

vichekesho
Strip

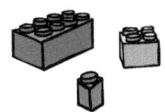

matofali lego

Lego kocke

vitalu mwigo

Igralne kocke

hatua takwimu

Akcijska figura

suti ya kulalia

Bodi

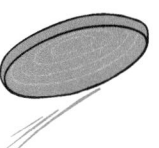

kisahani

Frizbi

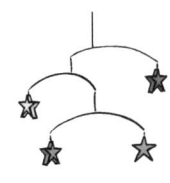

simu

Vrtiljak za posteljico

ubao wa michezo

Namizna igra

kete

Kocka

garimoshi mwigo

Komplet modelov vlakov

dummy

Duda

chama

Zabava

picha kitabu

Slikanica

mpira

Žoga

kikaragosi

Lutka

kucheza

Igrati se

shimo la mchanga

Peskovnik

bembea

Gugalnica

vitu bandia

Igrače

kiweko cha video ya mchezo

Igralna konzola

baiskeli ya magurudumu

Tricikel

matatu

mwanasesere

Plišasti medvedek

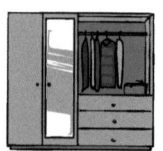

kabati

Garderoba

nguo
Oblačilo

soksi

Nogavice

stokingi

Samostoječe nogavice

kibano

Hlačne nogavice

skafu
Šal

mwavuli
Dežnik

fulana
Majica s kratkimi rokavi

ukanda
Pas

viatu
Škornji

ndara
Copati

wakufunzi
Športni copati

malapa
Sandali

viatu
Čevlji

mabuti ya mpira
Gumijasti škornji

suruali ya ndani
Spodnje hlače

sidiria
Modrček

fulana
Telovnik

nguo - Oblačilo

mwili

Bodi

suruali

Hlače

dangirizi

Kavbojke

sketi

Krilo

blauzi

Bluza

shati

Srajca

vuta

Pulover

sweta

Pletena jopica

bleza

Jopa

jaketi

Jakna

koti

Plašč

koti la mvua

Dežni plašč

maleba

Kostim

gauni

Obleka

mavazi ya harusi

Poročna obleka

suti

Obleka

vazi la usiku

Spalna srajca

pajama

Pižama

sari

Sari

skafu

Naglavna ruta

kilemba

Turban

burka

Burka

kaftan

Kaftan

abaya

Abaja

vazi la kuogelea

Kopalke

vazi la kiume la kuogelea

Kopalne hlače

kaptura

Kratke hlače

teitei

Trenirka

aproni

Predpasnik

glavu

Rokavice

kifungo

Gumb

glasi

Očala

bangili

Zapestnica

mkufu

Verižica

pete

Prstan

herini

Uhan

kofia

Kapa

kiango cha koti

Obešalnik

kofia

Klobuk

tai

Kravata

zipu

Zadrga

kofia

Čelada

kanda za suruali

Naramnice

sare za shule

Šolska uniforma

sare

Uniforma

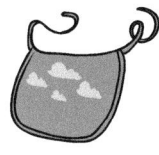

bibu

Slinček

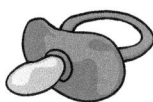

dummy

Duda

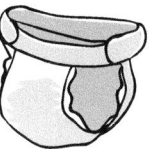

nepi

Plenica

ofisi

Pisarna

seva
Strežnik
kabati la kuweka faili
Kartotečna omara
karatasi
Papir
kichapishaji
Tiskalnik
kiwambo
Monitor
kipanya
Miška
dawati
Pisalna miza
folda
Mapa
kibodi
Tipkovnica
u cha kuweka karatasi chafu
a smeti
kompyuta
Računalnik
kiti
Stol

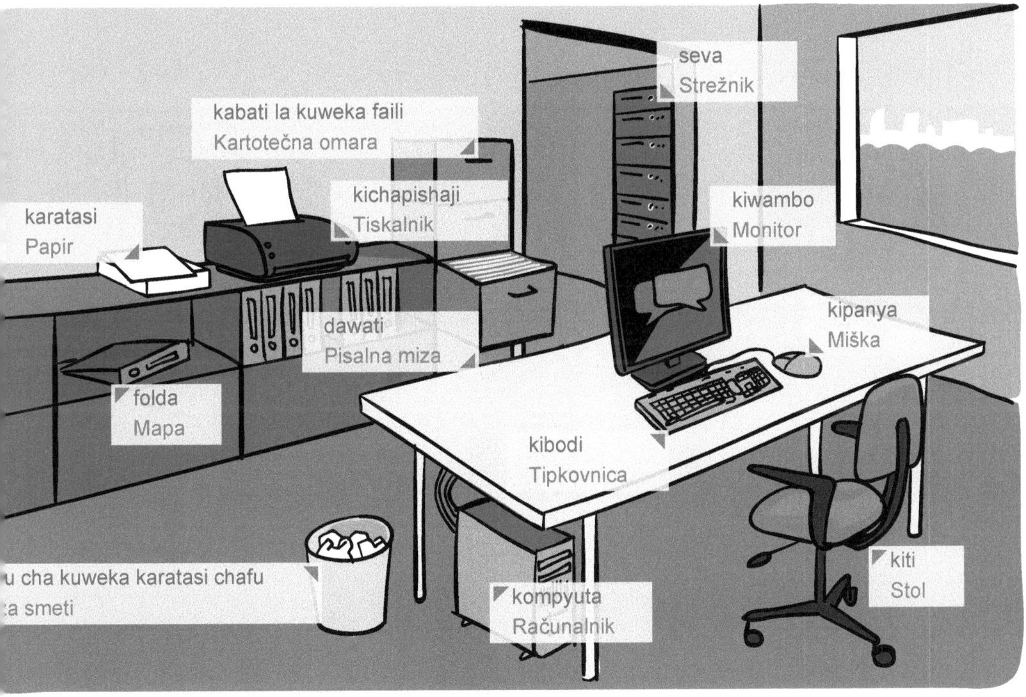

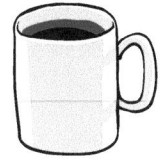

kmobe la kahawa

Lonček za kavo

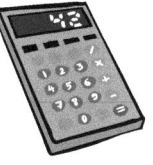

kikokotoo

Kalkulator

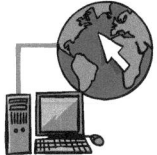

biashara

Internet

mbali

Prenosnik

barua

Pismo

ujumbe

Sporočilo

rununu

Mobilnik

intaneti

Omrežje

fotokopia

Kopirni stroj

programu

Programska oprema

simu

Telefon

soketi

Vtičnica

kipepesi

Telefaks

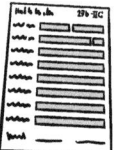

fomu

Obrazec

hati

Dokument

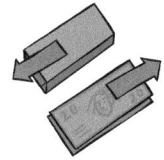

kununua
....
Kupiti

kulipa
....
Plačati

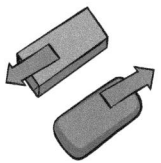

biashara
....
Trgovati

fedha
....
Denar

USD

dola
....
Dolar

EUR

yuro
....
Evro

JPY

yeni
....
Jen

RUB

rouble
....
Rubelj

CHF

faranga ya Uswisi
....
Švičarski frank

CNY

renminbi yuan
....
Kitajski juan renminbi

INR

rupia
....
Rupija

eneo la kulipia
....
Bankomat

ofisi ya ubadilishanaji

Menjalnica

dhahabu

Zlato

fedha

Srebro

mafuta

Nafta

nishati

Energija

bei

Cena

mkataba

Pogodba

kodi

Davek

bidhaa

Delnice

kazi

Delati

mfanyakazi

Delojemalec

mwajiri

Delodajalec

kiwanda

Tovarna

duka

Trgovina

uchumi - Gospodarstvo

kazi
Poklici

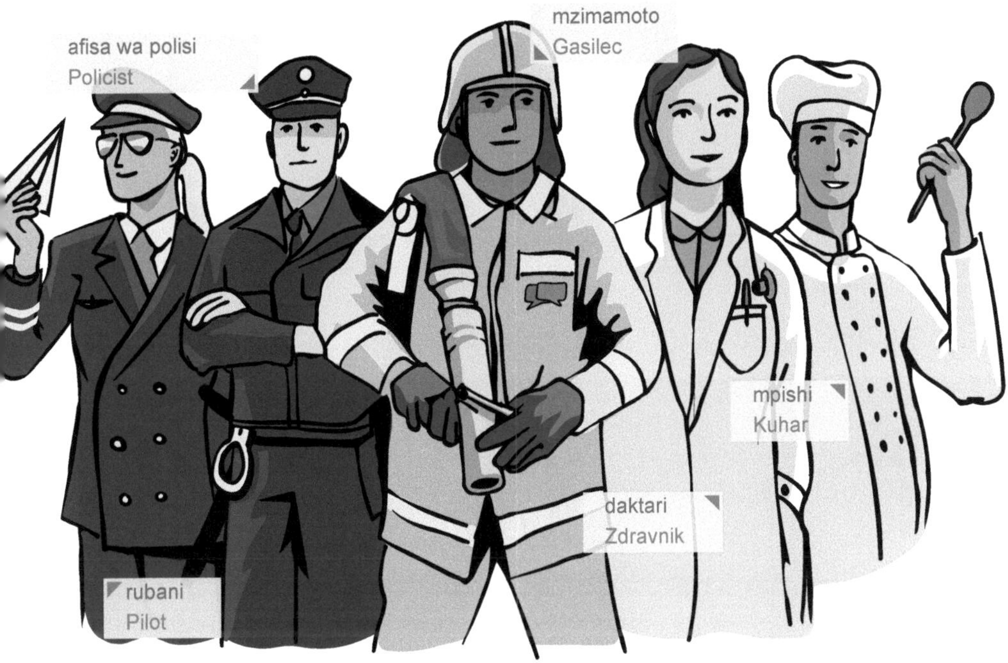
mzimamoto
Gasilec
afisa wa polisi
Policist
mpishi
Kuhar
daktari
Zdravnik
rubani
Pilot

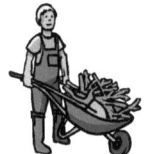

mtunza bustani

Vrtnar

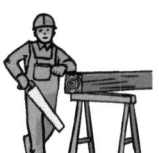

seremala

Mizar

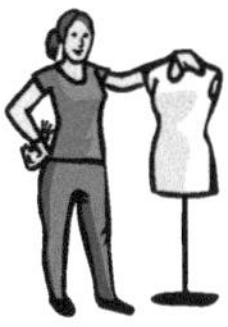

mshonaji

Šivilja

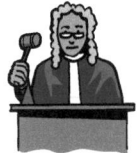

hakimu

Sodnik

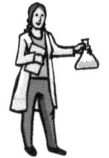

mwanakemia

Kemik

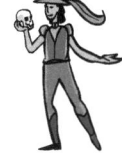

muigizaji

Igralec

dereva wa basi

Voznik avtobusa

dereva wa teksi

Taksist

mvuvi

Ribič

mwanamke wa kusafisha

Čistilka

mwezekaji

Krovec

mhudumu

Natakar

mwindaji

Lovec

mchoraji

Pleskar

mwokaji

Pek

umeme

Električar

mjenzi

Gradbenik

mhandisi

Inženir

mchinjaji

Mesar

fundi bomba

Vodovodni inštalater

mwanaposta

Poštar

mwanajeshi

Vojak

msanifu majengo

Arhitekt

keshia

Blagajnik

muuza maua

Cvetličar

msusi

Frizer

kondakta

Sprevodnik

mekanika

Mehanik

nahodha

Kapitan

daktari wa meno

Zobozdravnik

mwanasayansi

Znanstvenik

rabbi

Rabin

imamu

Imam

mtawa

Menih

kasisi

Duhovnik

zana
Orodje

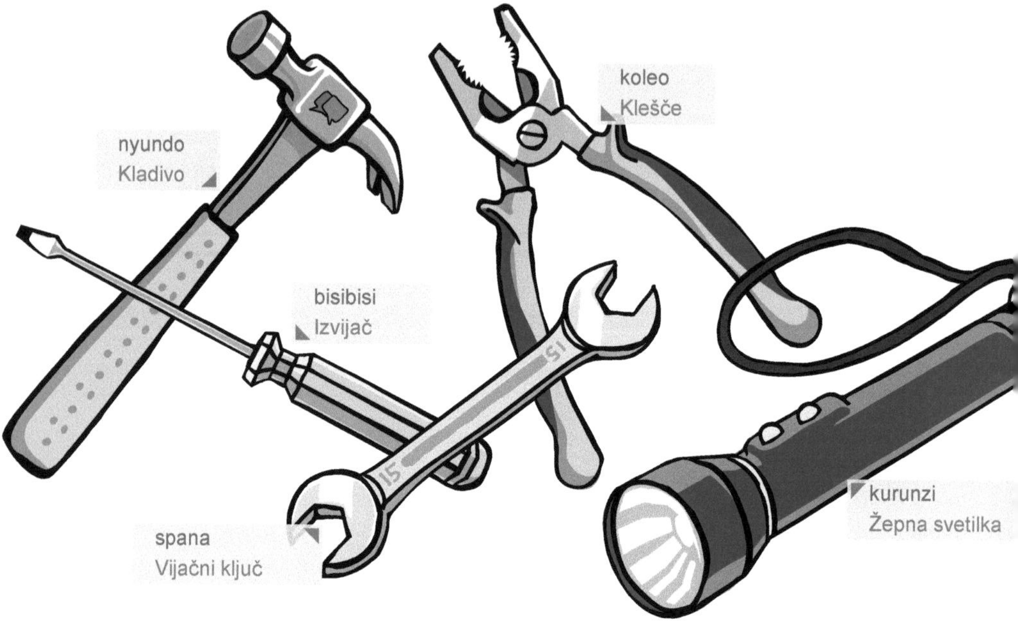
nyundo
Kladivo
koleo
Klešče
bisibisi
Izvijač
spana
Vijačni ključ
kurunzi
Žepna svetilka

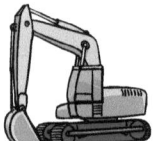

mchimbaji

Bager

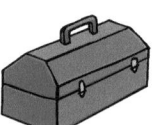

sanduku la vifaa

Zaboj z orodjem

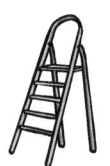

ngazi

Lestev

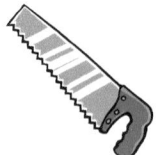

msumeno

Žaga

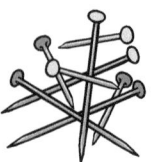

misumari

Žeblji

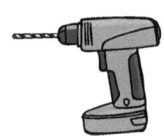

kuchimba visima

Vrtalnik

kukarabati

Popraviti

sepetu

Lopata

Lo!

Šment!

kishikio cha uchafu

Smetišnica

chungu cha rangi

Posoda z barvo

skurubu

Vijaki

ala za muziki
Glasbeni instrument

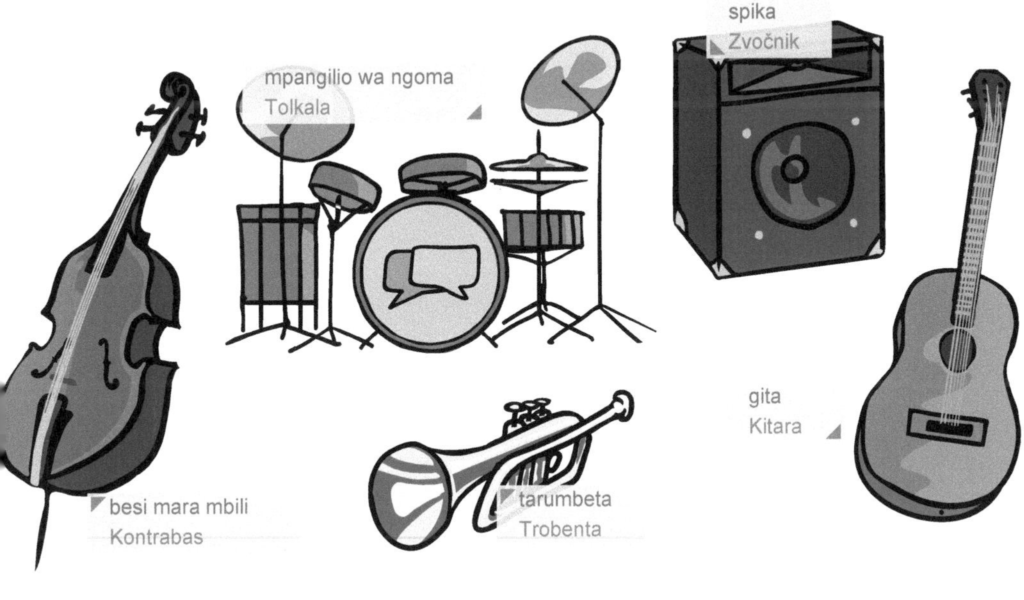

spika
Zvočnik

mpangilio wa ngoma
Tolkala

gita
Kitara

besi mara mbili
Kontrabas

tarumbeta
Trobenta

piano

Klavir

fidla

Violina

ubeji

Bas kitara

timpani

Pavke

ngoma

Bobni

kibodi

Sintetizator

saksafoni

Saksofon

filimbi

Flavta

maikrofoni

Mikrofon

bustani ya wanyama
Živalski vrt

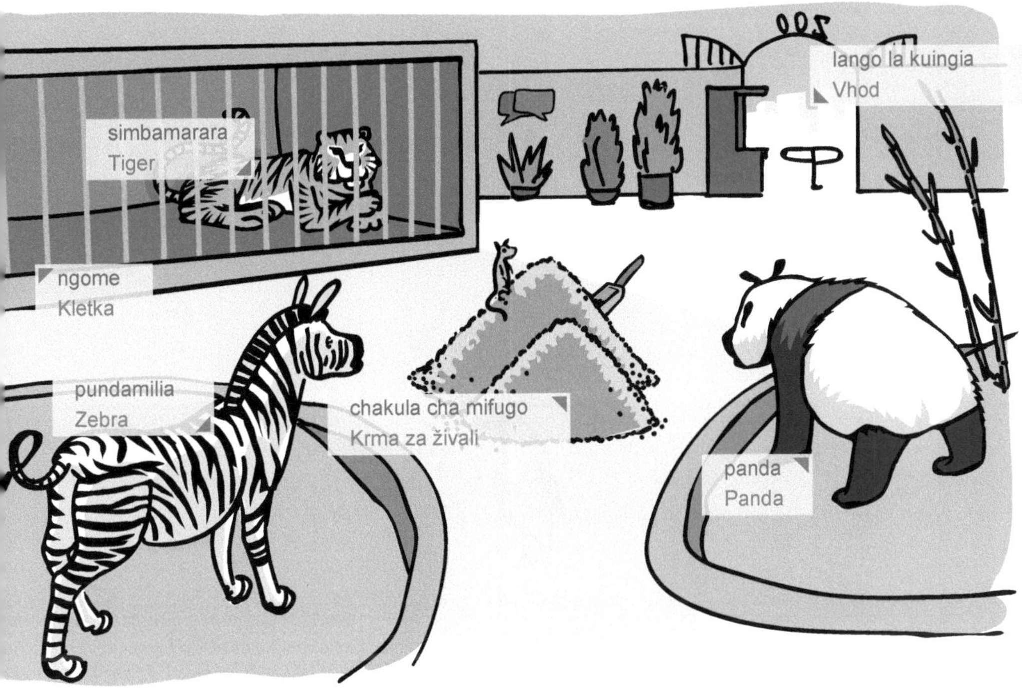

lango la kuingia
Vhod
simbamarara
Tiger
ngome
Kletka
pundamilia
Zebra
chakula cha mifugo
Krma za živali
panda
Panda

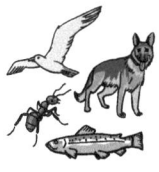

wanyama

Živali

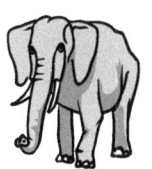

tembo

Slon

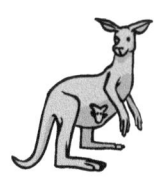

kangaruu

Kenguru

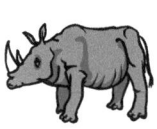

kifaru

Nosorog

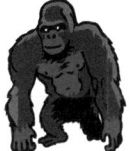

sokwe

Gorila

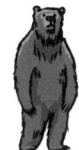

dubu

Medved

ngamia

Kamela

mbuni

Noj

simba

Lev

tumbili

Opica

heroe

Plamenec

kasuku

Papagaj

dubu

Severni medved

penguini

Pingvin

papa

Morski pes

tausi

Pav

nyoka

Kača

mamba

Krokodil

mtunza wanyama

Oskrbnik v živalskem vrtu

muhuri

Tjulenj

jaguar

Jaguar

mwanafarasi
Poni

chui
Leopard

kiboko
Povodni konj

twiga
Žirafa

tai
Orel

nguruwe mwitu
Divji prašič

samaki
Riba

kobe
Želva

sili
Mrož

mbweha
Lisica

paa
Gazela

soka ya marekani
Ameriški nogomet

uendeshaji baiskeli
Kolesarjenje

tenisi
Tenis

mpira wa kikapu
Košarka

kuogelea
Plavanje

ndondi
Boks

magongo ya barafuni
Hokej

soka
Nogomet

vinyoya
Badminton

riadha
Atletika

mpira wa mikono
Rokomet

skii
Smučanje

polo
Polo

shughuli
Dejavnosti

kuruka
Skočiti
kumbatia
Objeti
cheka
Smejati se
kutembea
Hoditi
kuimba
Peti
ota ndoto
Sanjati
kuomba
Moliti
busu
Poljubiti

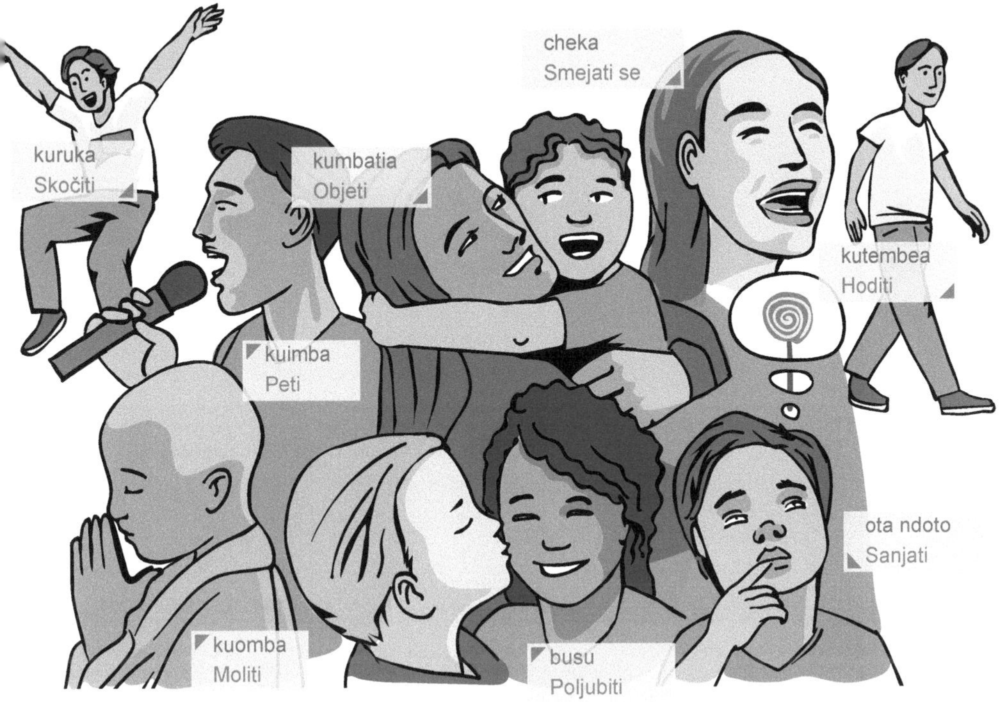

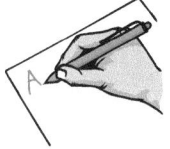

kuandika
Pisati

kuteka
Risati

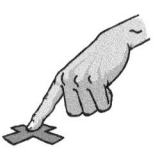

angalia
Pokazati

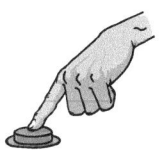

sukuma
Potisniti

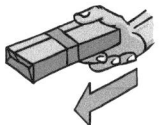

kutoa
Dati

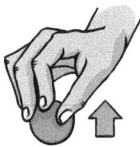

kuchukua
Vzeti

kuwa
Imeti

fanya
Narediti

kuwa
Biti

kusimama
Stati

kukimbia
Teči

vuta
Vleči

kutupa
Vreči

kuanguka
Pasti

hadaa
Ležati

kusubiri
Čakati

kubeba
Nositi

kukaa
Sedeti

vaa nguo
Obleči se

usingizi
Spati

kuamka
Zbuditi se

kuangalia

Gledati

lia

Jokati

kiharusi

Božati

chana nywele

Česati se

ongea

Govoriti

kuelewa

Razumeti

kuuliza

Vprašati

kusikiliza

Poslušati

kunywa

Piti

kula

Jesti

nadhifisha

Pospraviti

upendo

Ljubiti

mpishi

Kuhati

gari

Voziti

kuruka

Leteti

meli

Jadrati

kokotoa

Računanje

kusoma

Brati

kujifunza

Učiti se

kazi

Delati

kuoa

Poročiti se

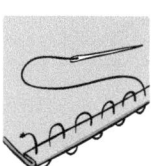

kushona

Šivati

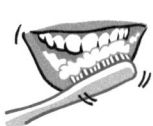

piga mswaki

Sčetkati si zobe

kuua

Ubiti

moshi

Kaditi

kutuma

Poslati

bibi
Stara mati

babu
Stari oče

baba
Oče

mama
Mati

mtoto
Dojenček

binti
Hči

bin
Sin

mgeni

Gost

shangazi

Teta

mjomba

Stric

kaka

Brat

dada

Sestra

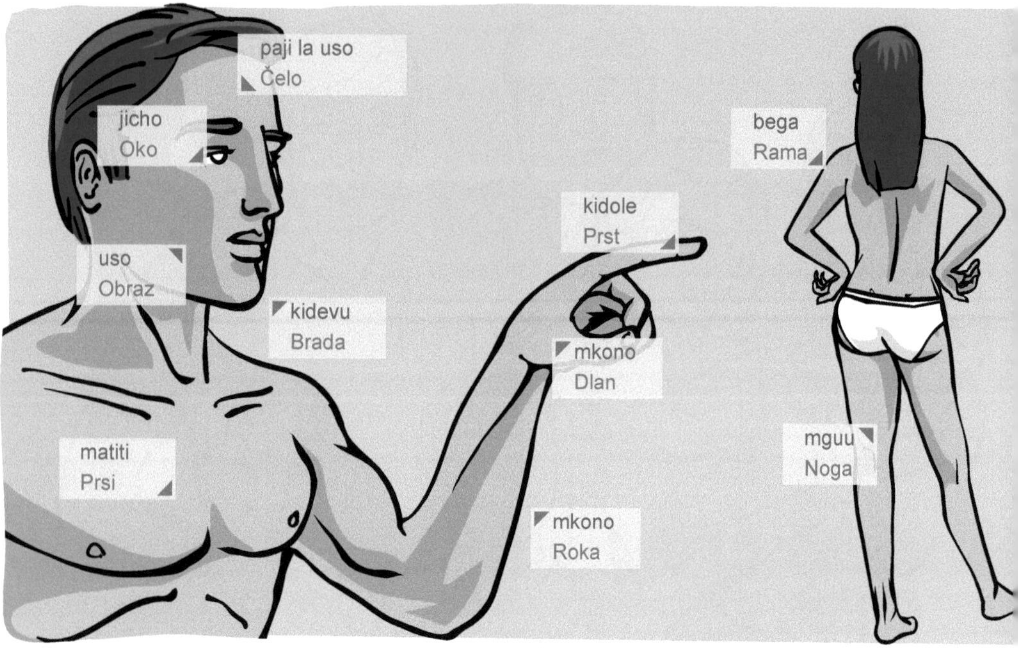

paji la uso
Čelo

jicho
Oko

bega
Rama

kidole
Prst

uso
Obraz

kidevu
Brada

mkono
Dlan

matiti
Prsi

mguu
Noga

mkono
Roka

mtoto

Dojenček

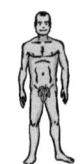

mwanamume

Človek

mwanamke

Ženska

msichana

Dekle

mvulana

Fant

kichwa

Glava

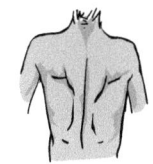

nyuma

Hrbet

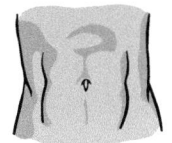

tumbo

Trebuh

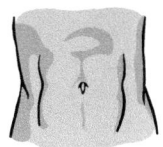

kitovu

Popek

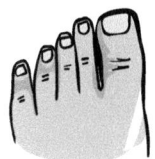

chano

Prst na nogi

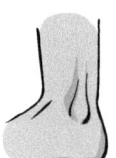

kisigino

Peta

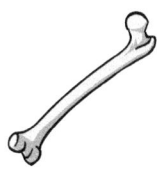

mfupa

Kost

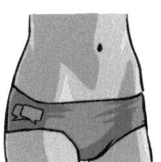

nyonga

Kolk

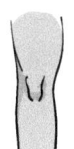

goti

Koleno

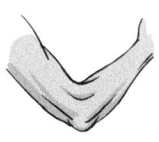

kiwiko

Komolec

pua

Nos

chini

Zadnjica

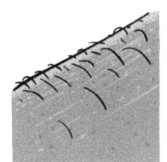

ngozi

Koža

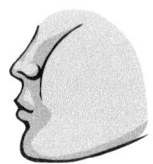

shavu

Lice

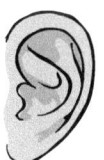

sikio

Uho

mdomo

Ustnica

kinywa

Usta

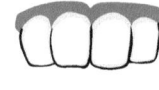

jino

Zob

ulimi

Jezik

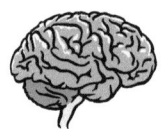

ubongo

Možgani

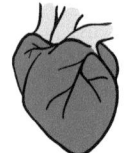

moyo

Srce

misuli

Mišica

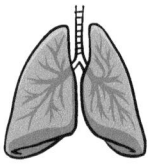

pafu

Pljuča

ini

Jetra

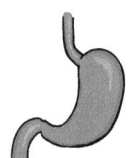

tumbo

Želodec

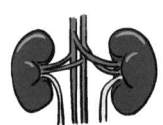

figo

Ledvice

jinsia

Spolni odnos

kondomu

Kondom

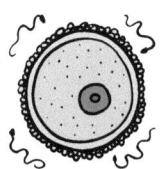

ovari

Jajčece

shahawa

Semenska tekočina

mimba

Nosečnost

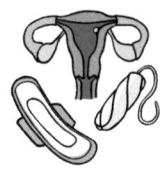

hedhi
....
Menstruacija

uke
....
Vagina

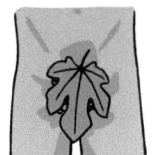

uume
....
Penis

unyusi
....
Obrv

nywele
....
Lasje

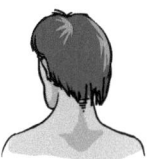

shingo
....
Vrat

hospitali
Bolnišnica

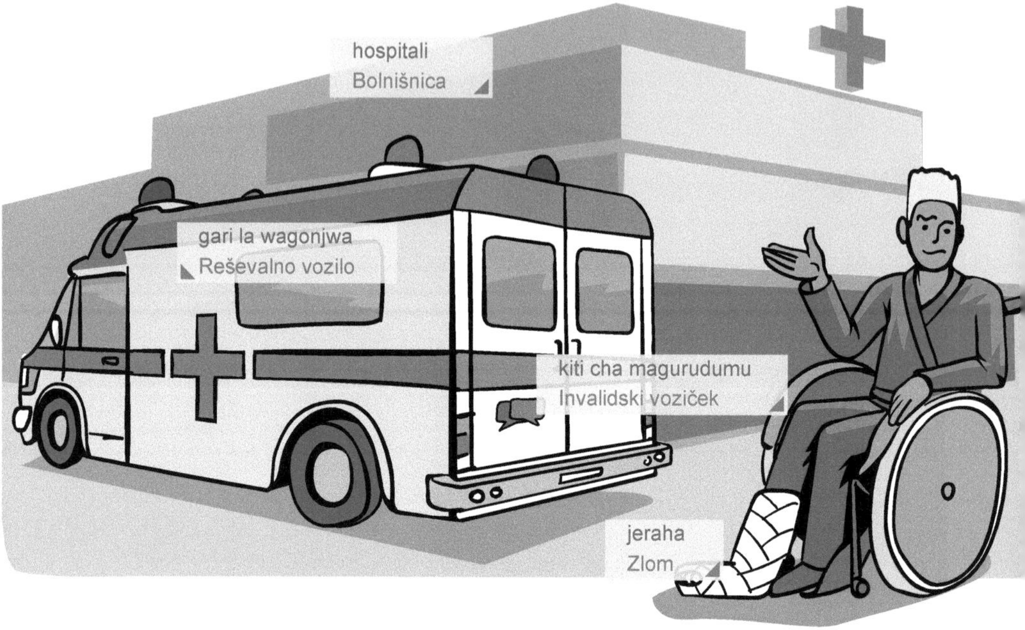

hospitali
Bolnišnica
gari la wagonjwa
Reševalno vozilo
kiti cha magurudumu
Invalidski voziček
jeraha
Zlom

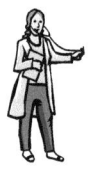

daktari

Zdravnik

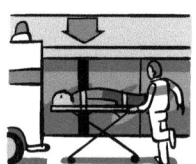

chumba cha dharura

Urgenca

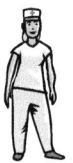

muuguzi

Medicinska sestra

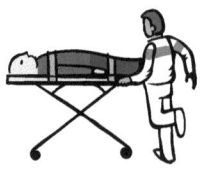

dharura

Nujni primer

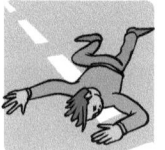

kupoteza fahamu

Nezavesten

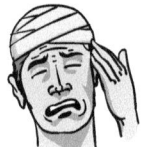

maumivu

Bolečina

kuumia

Poškodba

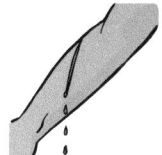

kutokwa na damu

Krvavenje

mshtuko wa moyo

Srčni infarkt

kiharusi

Kap

mzio

Alergija

kikohozi

Kašelj

homa

Vročina

mafua

Gripa

kuharisha

Driska

maumivu ya kichwa

Glavobol

kansa

Rak

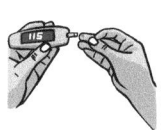

ugonjwa wa kisukari

Sladkorna bolezen

daktari mpasuaji

Kirurg

kisu kidogo cha kupasulia

Skalpel

operesheni

Operacija

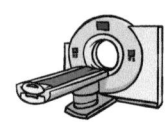

picha changanufu ya mwili

CT

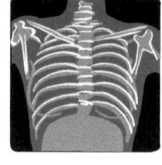

Eksrei

Rentgen

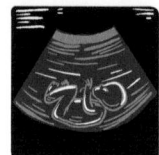

mawimbi sauti

Ultrazvok

barakoa ya uso

Obrazna maska

ugonjwa

Bolezen

chumba cha kusubiri

Čakalnica

mkongojo

Bergla

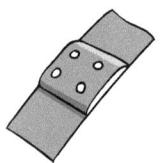

plasta

Obliž

bendeji

Preveza

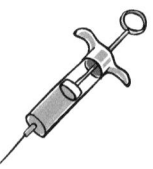

sindano

Injekcija

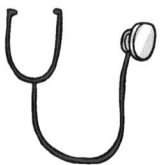

stetoskopu

Stetoskop

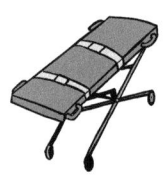

machela

Nosila

kipimajoto cha kliniki

Klinični termometer

kuzaliwa

Porod

unene kupita kiasi

Prekomerna teža

hospitali - Bolnišnica

kusikia misaada

Slušni pripomoček

kipukusi

Razkužilo

maambukizi

Okužba

virusi

Virus

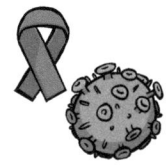

VVU / UKIMWI

HIV / AIDS

dawa

Medicina

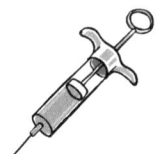

chanjo

Cepljenje

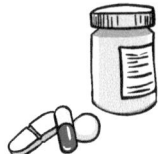

vidonge

Tablete

kidonge

Tableta

simu ya dharura

Klic v sili

haemodainamometa

Merilnik krvnega tlaka

mgonjwa / mwenye afya

bolano / zdravo

Msaada!

Na pomoč!

kengele

Alarm

pigo

Napad

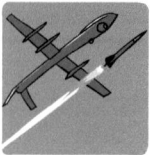

shambulizi

Napad

hatari

Nevarnost

lango la dharura

Izhod v sili

Moto!

Gori!

kizima moto

Gasilni aparat

ajali

Nezgoda

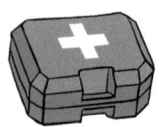

vifaa vya huduma ya kwanza

Komplet za prvo pomoč

wito wa msaada

SOS

polisi

Policija

Ulaya

Evropa

Amerika ya Kaskazini

Severna Amerika

Amerika ya Kusini

Južna Amerika

Afrika

Afrika

Asia

Azija

Australia

Avstralija

Atlantiki

Atlantski ocean

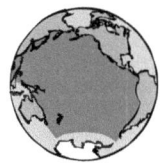

Pasifiki

Tihi ocean

Bahari ya Hindi

Indijski ocean

Bahari ya Antaktiki

Južni ocean

Bahari ya Aktiki

Arktični ocean

Ncha ya Kaskazini

Severni tečaj

Ncha ya Kusini
Južni tečaj

Antaktika
Antarktika

dunia
Zemlja

nchi
Kopno

bahari
Morje

kisiwa
Otok

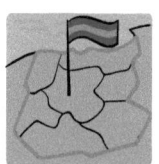

taifa
Narod

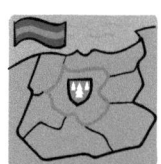

jimbo
Država

uso wa saa

Številčnica

akrabu ya saa

Urni kazalec

akrabu ya dakika

Minutni kazalec

akrabu ya sekunde

Sekundni kazalec

Ni saa ngapi?

Koliko je ura?

siku

Dan

wakati

Čas

sasa

Zdaj

saa ya dijitali

Digitalna ura

dakika

Minuta

saa

Ura

Jumatatu
Ponedeljek **MO**

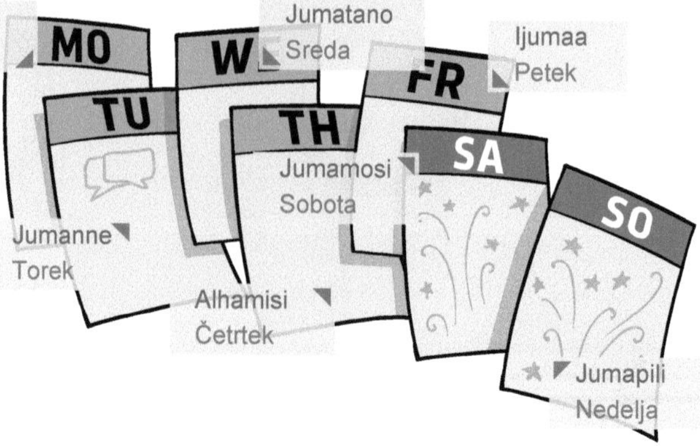

W Jumatano
Sreda

Ijumaa
FR Petek

TU

TH

SA

Jumamosi
Sobota

SO

Jumanne
Torek

Alhamisi
Četrtek

Jumapili
Nedelja

jana
....
Včeraj

leo
....
Danes

kesho
....
Jutri

asubuhi
....
Jutro

saa sita mchana
....
Poldne

jioni
....
Večer

MO	TU	WE	TH	FR	SA	SU
1	2	3	4	5	6	7
8	9	10	11	12	13	14
15	16	17	18	19	20	21
22	23	24	25	26	27	28
29	30	31	1	2	3	4

siku za biashara
....
Delovni dnevi

MO	TU	WE	TH	FR	SA	SU
1	2	3	4	5	6	7
8	9	10	11	12	13	14
15	16	17	18	19	20	21
22	23	24	25	26	27	28
29	30	31	1	2	3	4

mwishoni mwa wiki
....
Konec tedna

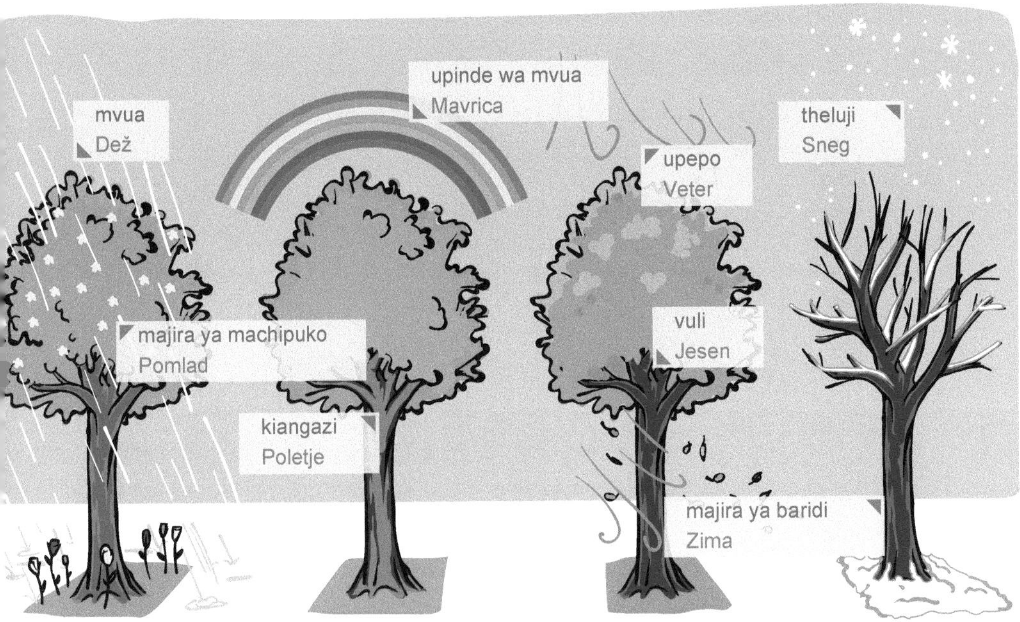

mvua
Dež
upinde wa mvua
Mavrica
upepo
Veter
theluji
Sneg
majira ya machipuko
Pomlad
vuli
Jesen
kiangazi
Poletje
majira ya baridi
Zima

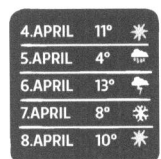

4.APRIL 11°
5.APRIL 4°
6.APRIL 13°
7.APRIL 8°
8.APRIL 10°

utabiri wa hali ya hewa

Vremenska napoved

F
C
120
90
60
30
0
-30
40
30
20
10
0
-10
-20

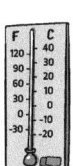

kipimajoto

Termometer

mwanga wa jua

Sončna svetloba

wingu

Oblak

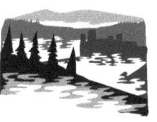

ukungu

Megla

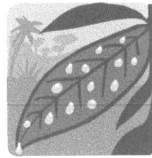

unyevu

Vlažnost

umeme

Strela

radi

Grom

dhoruba

Nevihta

mvua ya mawe

Toča

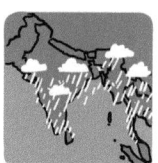

monsuni

Monsun

mafuriko

Poplava

barafu

Led

Januari

Januar

Februari

Februar

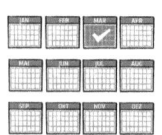

Machi

Marec

Aprili

April

Mei

Maj

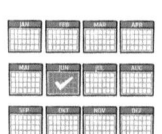

Juni

Junij

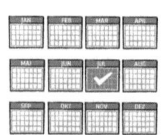

Julai

Julij

Agosti

Avgust

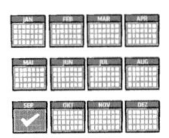

Septemba

September

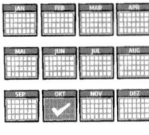

Oktoba

Oktober

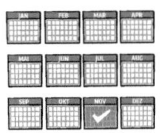

Novemba

November

Desemba

December

maumbo
Oblike

mduara

Krogla

mraba

Kvadrat

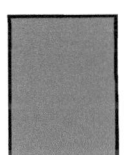

mstatili

Pravokotnik

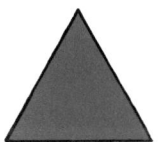

pembetatu

Trikotnik

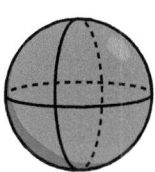

nyanja

Krogla

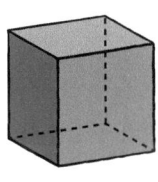

mchemraba

Kocka

nyeupe

Bela

manjano

Rumena

chungwa

Oranžna

rangi ya waridi

Rožnata

nyekundu

Rdeča

hudhurungi

Vijolična

bluu

Modra

kijani

Zelena

hanja

Rjava

jivujivu

Siva

nyeusi

Črna

mengi / kidogo

veliko / malo

hasira / pole

jezno / umirjeno

nzuri / mbaya

lepo / grdo

mwanzo / mwisho

začetek / konec

kubwa / ndogo

veliko / majhno

angavu / giza

svetlo / temno

kaka / dada

brat / sestra

safi / chafu

čisto / umazano

kamilika / tokamilika

popolno / nepopolno

siku / usiku

dan / noč

wafu / hai

mrtvo / živo

pana / nyembamba

široko / ozko

kulika / kutolika

užitno / neužitno

ovu / ema

zlobno / prijazno

sisimkwa / udhika

vznemirjeno / zdolgočaseno

nene / nyembamba

debelo / vitko

kwanza / mwisho

prvo / zadnje

rafiki / adui

prijatelj / sovražnik

jaa / tupu

polno / prazno

ngumu / laini

trdo / mehko

nzito / nyepesi

težko / lahko

njaa / kiu

lakota / žeja

mgonjwa / mwenye afya

bolano / zdravo

haramu / kisheria

nezakonito / zakonito

akili / kijinga

pametno / neumno

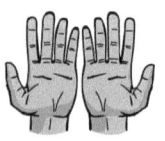

kushoto / kulia

levo / desno

karibu / mbali

blizu / daleč

mpya / kutumika

novo / rabljeno

kitu / jambo

nič / nekaj

zee / changa

staro / mlado

waka / zima

vklopljeno / izklopljeno

wazi / fungwa

odprto / zaprto

utulivu / kelele

tiho / glasno

tajiri / masikini

bogato / revno

sahihi / kosa

prav / narobe

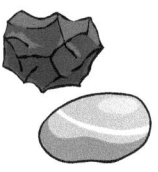

mbaya / laini

grobo / gladko

huzunika / furahia

žalostno / veselo

fupi /ndefu

kratko / dolgo

polepole / haraka

počasi / hitro

nyevu / kavu

mokro / suho

joto / baridi

toplo / hladno

vita / amani

vojna / mir

Števila

0	1	2
sufuri	moja	mbili
Ničla	Ena	Dva

3	4	5
tatu	nne	tano
Tri	Štiri	Pet

6	7	8
sita	saba	nane
Šest	Sedem	Osem

9	10	11
tisa	kumi	kumi na moja
Devet	Deset	Enajst

12
kumi na mbili
Dvanajst

13
kumi na tatu
Trinajst

14
kumi na nne
Štirinajst

15
kumi na tano
Petnajst

16
kumi na sita
Šestnajst

17
kumi na saba
Sedemnajst

18
kumi na nane
Osemnajst

19
kumi na tisa
Devetnajst

20
ishirini
Dvajset

100
mia
Sto

1.000
elfu
Tisoč

1.000.000
milioni
Milijon

Kiingereza

Angleščina

Kiingereza cha Marekani

Ameriška angleščina

Kimandarini cha Uchina

Mandarinščina

Kihindi

Hindujščina

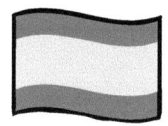

Kihispania

Španščina

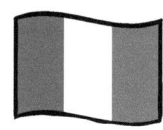

Kifaransa

Francoščina

Kiarabu

Arabščina

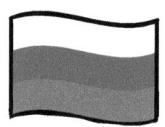

Kirusi

Ruščina

Kireno

Portugalščina

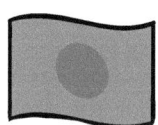

Kibengali

Bengalščina

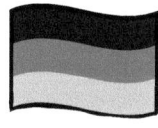

Kijerumani

Nemščina

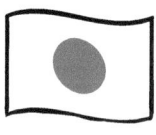

Kijapani

Japonščina

mimi

Jaz

wewe

Ti

yeye / yeye / ni

On / ona / tisto

sisi

Mi

wewe

Vi

wao

Oni

nani?

Kdo?

nini?

Kaj?

jinsi gani?

Kako?

wapi?

Kje?

lini?

Kdaj?

jina

Ime

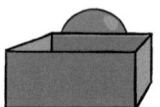

nyuma

Zadaj

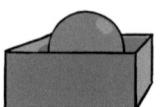

katika

V

mbele ya

Pred

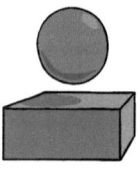

juu ya

Nad

kwenye

Na

chini ya

Pod

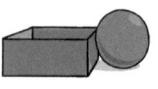

kando

Poleg

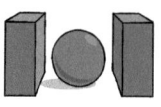

kati

Med

mahali

Kraj